Christianeum
Otto-Ernst-Straße 34
22605 Hamburg

Schuljahr 2014/2015

Seminararbeit
im Fach Chinesisch

Ökologische Ökonomie in China

von
Konrad König

Betreuende Lehrkraft: Ming Chai

Abgabetermin: 4. Juni 2015

Inhaltsverzeichnis

1. Eigene Erfahrungen..3
   1.1 Aufenthalte in China..3
   1.2 Unterricht in China...6
   1.3 Chinese Bridge...7
2. Einleitung...10
   2.1 Problemstellung..10
3. Umweltsituation in China...13
   3.1 Problemfelder..13
      3.1.1 Luft..13
      3.1.2 Wasser..15
      3.1.3 Boden...16
   3.2 Ökonomische Kosten...18
   3.3 Zwischenfazit..19
4. Ökologische Ökonomie...20
   4.1 Hauptaussagen..20
   4.2 Strategien der Nachhaltigkeit..23
5. Umweltpolitischer Paradigmenwechsel..26
   5.1 Die harmonische Gesellschaft...26
   5.2 Umweltziele..27
   5.3 Zwischenfazit..28
6. Analyse der Umweltgesetze..30
   6.1 Nationale Umweltgesetze..30
   6.2 Mängel der Umweltgesetzgebung..35
7. Fazit..37
8. Literaturverzeichnis...40

1. Eigene Erfahrungen

1.1 Aufenthalte in China

Insbesondere meine beiden längeren Aufenthalte in China weckten mein Interesse für die chinesische Wirtschaft, Politik und Ökologie, was mich auch letztendlich dazu veranlasste, eine besondere Lernleistung zu diesen Themen anzufertigen. Insgesamt verbrachte ich zwei Schulhalbjahre in Shanghai. Ende 2011 war ich das erste Mal dort und Anfang 2013 das zweite Mal. Während meiner Zeit in China besuchte ich mit einigen Mitschülern aus dem Chinesischunterricht am Christianeum die Weiyu High School (位育中学) in Shanghai. Dort lernte ich sehr viel über die chinesische Kultur, Sprache, Geschichte und die allgemeine chinesische Mentalität. Dieses Wissen half mir, bestimmte Verhaltensweisen, Geschehen und Problematiken in China besser zu verstehen und nachzuvollziehen. Allerdings wurden uns bestimmte Informationen von den Lehrern auch nicht vermittelt. Einblicke in einige Themenbereiche wurden uns aktiv vorenthalten, was wir jedoch mit der Zeit selber herausfanden.

Zu diesen Thematiken gehörte u.a. der Umweltschutz bzw. die Umweltsituation in China. Bevor ich das erste Mal nach China reiste, wusste ich nicht viel über die Umweltprobleme des Landes, da die internationale Berichterstattung zu diesem Zeitpunkt noch nicht sehr ausgeprägt war. Erst vereinzelt schilderten deutsche Medien die Luftsituation in Peking und die davon ausgehenden gesundheitlichen Gefährdungen. Bereits bei meiner Ankunft in Shanghai bemerkte ich den Smog über der Stadt. Als wir vom Flughafen zu der Schule fuhren, fragte ich unsere Lehrerin, die uns abgeholt hatte, warum das Wetter so trüb sei. Sie antwortete mit: „Just fog", also „nur Nebel". Dass Nebel wahrscheinlich nicht der Grund für die geringe Sichtweite und die gräuliche Färbung des Himmels war, wusste ich damals nicht und ich glaubte der Lehrerin.

Während meines insgesamt achtmonatigen Aufenthalts in China erlebte ich durchaus Tage, an denen man den blauen Himmel sehen konnte und die Luft klar war. Allerdings fielen diese Tage meist auf nationale Feiertage, an denen alle Fabriken geschlossen waren und die Luft von Emissionen nicht verunreinigt wurde. An den anderen Tagen war der Himmel fast immer bedeckt und die Sichtweite eingeschränkt. An Tagen mit besonders starkem Smog merkte ich die Schadstoffkonzentration in der Luft sogar beim Joggen auf der Laufbahn der Schule, da ich viel schneller außer Atem war als sonst. Mittlerweile raten Ärzte in vielen chinesischen Städten von allen sportlichen Aktivitäten im Freien ab.

Wie stark die Luftverschmutzung in Shanghai ist, nahm man besonders auf der Aussichtsplattform des World Financial Centers, dem damals höchsten Gebäude der Stadt, wahr. Anstatt des versprochenen Stadtpanoramas sah man meistens nicht viel mehr als eine grau-weiße Wand aus Smog. Von meinen insgesamt vier Besuchen auf dem Gebäude hatte man lediglich bei einem eine einigermaßen gute Sicht.

Natürlich konnten wir deutsche Schüler die starke Luftverschmutzung nicht nur in Shanghai, sondern auch in anderen chinesischen Städten feststellen. Im April 2013 entschieden wir uns beispielsweise, für ein Paar Tage nach Hangzhou zu reisen. Die Provinzhauptstadt von Zhejiang liegt etwa 200 Kilometer süd-westlich von Shanghai und gilt allgemein als eine der „grünen Vorzeigestädte" Chinas. Eine derartige Bezeichnung konnten wir allerdings nicht bestätigen. Uns war es kaum möglich, von der einen Seite des Westsees (西湖) die andere

Abb. 1 Blick auf den Westsee in Hangzhou
Quelle: eigene Abbildung, 2013

Seite zu erkennen (s. Abb 1.). Der Grund für die schlechte Luftqualität in Hangzhou ist die hohe Dichte an Autos und anderen Fahrzeugen. Aufgrund des Wohlstands der Stadt können sich relativ viele Bürger eigene Autos leisten. Dementsprechend verursachen Autoabgase in Hangzhou etwa 39,5% der gesamten urbanen Luftverschmutzung. In anderen Metropolen, wie Peking oder Shanghai, beträgt dieser Anteil dagegen nur ca. 22%. Seitdem die Stadtregierung aber die

Verkaufszahlen von Autos in Hangzhou beschränkt, nimmt die Luftverschmutzung sukzessive ab.

Auch im Oktober 2011 beschlossen wir, während der Nationaltagswoche, auch goldene Woche (黄金周) genannt, in die Hauptstadt, Peking, zu fahren. Voreingenommen von den Medienberichten in Deutschland, nahmen wir an, dass die Luftverschmutzung in Peking das Ausmaß in Shanghai deutlich übertreffen würde. Allerdings war dies nicht der Fall. Entgegen unseren Erwartungen war die Luft in Peking klar, der Himmel blau und man hatte eine sehr gute Sicht. Jedoch war dies dem Umstand geschuldet, dass während der nationalen Feiertage die meisten Fabriken und Betriebe geschlossen sind und so keine Emissionen ausgestoßen werden können. Außerdem ist die goldene Woche auch grundsätzlich eine Zeit mit äußerst vielen Touristen in Peking. Daher ist es auch im Interesse der Regierung, an diesen Tagen die Luftverschmutzung auf ein Minimum zu begrenzen, um so die Hauptstadt attraktiver und gesünder erscheinen zu lassen.

Neben der unzureichenden Luftqualität ist mir auch der mangelhafte Zustand des Wassers in Shanghai aufgefallen. Obwohl uns ausdrücklich davor gewarnt wurde, das Leitungswasser als Trinkwasser zu verwenden, mussten wir uns dennoch mit diesem Wasser duschen. Zu Beginn meines Aufenthaltes verursachte das Leitungswasser bei mir leichte Hautirritationen, was jedoch mit der Zeit und Gewöhnung langsam abnahm. Weil das Leitungswasser ungesunde und teilweise toxische Bestandteile enthält, mussten wir unser Trinkwasser entweder in abgefüllten Flaschen kaufen oder von Wasserspendern auf unseren Fluren entnehmen, um nicht krank zu werden. Diese Problematik und gesundheitliche Gefährdung ist im Norden Chinas sogar noch schwerwiegender. Die genaue Situation von Luft und Wasser in China werde ich allerdings in Kapitel 3 noch ausführlicher beleuchten.

1.2 Unterricht in China

Im Chinesischunterricht an der Weiyu High School in Shanghai wurde das Thema Umweltschutz in China nie behandelt. Angesichts der diversen ökologischen Schäden und der Tatsache, dass Umweltschutz in der Öffentlichkeit kein Tabuthema mehr ist, wunderte mich dies. Als ich das erste Mal in China war, waren wir Schüler gehemmt, das Thema von uns aus im Unterricht anzusprechen, da wir nicht sicher waren, wie die Lehrer auf solche Äußerungen reagieren würden oder ob es uns eventuell sogar Nachteile bringen könnte. Während meines zweiten Aufenthalts in Shanghai entschied ich mich dann, das Thema Umweltschutz in Form einer Präsentation anzusprechen. Im Unterrichtsfach „Chinese Listening and Speaking" hatten wir nämlich die Möglichkeit, jede Woche einen kurzen Vortrag zu einem selbstgewählten Themenbereich zu halten. Da ich diesen in der letzten Schulwoche hielt, konnte dies keine potenziell negativen Auswirkungen für mich mehr haben. Bereits die Vorbereitung und Recherche für die Präsentation stellte sich allerdings als schwierig heraus. Die meisten chinesischen Internetseiten, die relevante Informationen und teilweise aber auch regierungskritische Ansichten enthielten, waren blockiert bzw. zensiert. Deshalb musste ich mithilfe von bestimmten VPNs diese Blockierungen umgehen, um Zugang zu den benötigten Webseiten zu erhalten. In meinem Vortrag fokussierte ich mich auf die Luft- und Wasserverschmutzung sowie die ungenügenden Bemühungen der Regierung, diese Probleme zu beseitigen. Nachdem ich die Präsentation gehalten hatte, kommentierte die Lehrerin, die auch Mitglied der Kommunistischen Partei ist, meinen Auftritt nicht und schickte mich auf meinen Platz zurück. Sie machte einen sichtlich verärgerten Eindruck. Ich war nicht sehr überrascht über ihre Reaktion, da ich oft mitbekommen hatte, dass Chinesen empfindlich mit politischen Angelegenheiten umgehen. Dennoch spiegelte dies nicht unbedingt das Verhalten der chinesischen Regierungsebene wieder, die schon 1992 den Umweltschutz zur politischen Priorität erklärte und seitdem ökologische Probleme öffentlich thematisierte. Zudem stand ihr Auftreten in einem starken Kontrast zu dem der ausländischen Lehrer an der Schule. Mit diesen diskutierten wir nämlich nicht nur über den chinesischen Umweltschutz, sondern auch über deutlich bedenklichere Inhalte wie dem Tian'anmen-Massaker, Taiwan oder dem Tibet-konflikt.

In gewisser Weise lässt sich anhand dieses Vorkommnisses vermuten, dass die chinesische Bevölkerung selbst rhetorische Einschränkungen im gesellschaftlichen Diskurs bezüglich der Umweltsituation Chinas aufrechterhält. Jedenfalls wird im Bildungswesen scheinbar die Auseinandersetzung mit derartigen Themen aktiv verhindert. Dass große Teile der chinesischen Gesellschaft, insbesondere die Schüler, sich nicht mit Umweltschutz oder anderen Bereichen der Ökologie beschäftigen, stellt ein gewaltiges Hindernis für eine nachhaltige Entwicklung in China dar.

1.3 Chinese Bridge

Eine weitere wichtige Erfahrung mit Ökologie in China machte ich im Rahmen des Chinesisch-Wettbewerbes „Chinese Bridge" (汉语桥). Dies ist ein internationaler Schülerwettbewerb für die chinesische Sprache und bietet Schülern aus aller Welt die Gelegenheit, ihre Chinesickkenntnisse auf einer internationalen Bühne unter Beweis zu stellen. In Deutschland besteht der Wettbewerb aus einer Vorrunde in den einzelnen lokalen Konfuzius-Instituten und Klassenzimmern, um eine regionale Vorauswahl zu treffen, sowie aus der nationalen Zwischenrunde, welche 2014 in Berlin ausgetragen wurde. Die beiden Sieger auf der nationalen Ebene haben die Möglichkeit, als deutsche Vertreter an der internationalen Endrunde in China teilzunehmen. Im Frühjahr 2014 wurde ich zusammen mit drei weiteren Schülern aus Hamburg für die Zwischenrunde in Berlin nominiert. Die Aufgaben für die Teilnahme sind vielseitig. Zunächst muss jeder Teilnehmer einen Kurzvortrag in chinesischer Sprache zu einem selbstgewählten, chinabezogenen Thema frei halten. Anschließend muss sich jeder Kandidat einer landeskundlichen und sprachlichen Prüfung unterziehen und zuletzt eine kulturelle Darbietung aufführen. Für den letzten Teil wählen die Teilnehmer immer sehr unterschiedliche Darbietungsformen. Als ich dort teilnahm, führten die meisten Schüler Gesang, Scherenschnitt, Tanz, musikalische Stücke, chinesische Lyrik oder Kungfu auf. Aufgrund der Komplexität der jeweiligen Komponenten des Wettbewerbs bedurfte die Teilnahme eine lange und intensive Vorbereitung. Zusammen mit zwei weiteren Mitschülern aus dem Chinesischunterricht am Christianeum fuhr ich jede Woche zu dem Konfuzius-Institut in Hamburg. Dort halfen uns die beiden Mitarbeiter des Institutes, Pan Yi und Tianwei Fu, bei der Vorbereitung für den Wettbewerb. Zunächst musste ich ein Thema für meinen Kurzvortrag auswählen. Da ich es sehr interessant fand und glaubte, dass es mir eine geeignete Gelegenheit bot, meine eigene Meinung zum Ausdruck zu bringen, wollte ich mich anfangs auf die Umwelt in China fokussieren. Ich war der Ansicht, dass die Wahl eines kontroversen Themas und eine subtile politische Stellungnahme von der Jury wertgeschätzt werden würde und mir daher von Vorteil sein könnte. Als ich Herrn Fu von meiner Idee berichtete, riet er mir dringend davon ab. Er erklärte mir, dass kritische Äußerungen gegenüber der chinesischen Regierung nicht erwünscht seien und letztendlich eine schlechtere Platzierung zur Folge haben könnten. Mich überraschte seine Antwort, da ich nicht davon ausgegangen war, dass in Deutschland der Ausdruck von Meinungsfreiheit derartige Konsequenzen haben könnte. Dennoch befolgte ich seinen Rat und konzentrierte mich bei meinem Kurzvortrag auf meine Erfahrungen in China und versuchte, diese auf humorvolle Weise zu veranschaulichen. Andererseits wollte ich wenigstens eine kleine Note politischer Positionierung einbringen. Deshalb wählte ich für meine kulturelle Darbietung das Gedicht „Man Jiang Hong" (满江红) des chinesischen Volkshelden Yue Fei (岳飞) (s. Anhang). Yue Fei war der Heerführer der nationalchinesischen Song-Dynastie, die damals um ihre Existenz kämpfte. Obwohl er der erfolgreichste Truppenführer der südlichen Song war und für Frieden mit den Jurchen im Norden Chinas sorgte, wurde er 1142 durch den Hof gefangen genommen und anschließend hingerichtet. Man sagte, dass der Kaiser diese Politik gewählt habe, um den militärischen Führern keine Macht und Handlungsfreiheit zu gewähren. Man bevorzugte ein verkleinertes China mit einer zentralen Zivilgewalt. In diesem Aspekt sah ich die Parallele zu der heutigen politischen Situation in China. Auch heutzutage nutzen die chinesischen Führungseliten ihre uneingeschränkte Souveränität auf autoritäre Weise aus und setzen somit ihre Interessen durch, auch dann, wenn es nicht dem Gemeinwohl der Bevölkerung entspricht. Um ein aktuelles Beispiel zu nennen und um den Bezug zum Umweltschutz herzustellen, ist die Dokumentation „Under the Dome" der ehemaligen CCTV-Journalistin Chai Jing anzuführen. In diesem Film werden die gegenwärtigen Umweltprobleme aufgezeigt sowie die Energiekonzerne, Stahlproduzenten, Kohlefabriken und die Unfähigkeit der Regierung, diese Probleme zu beheben, offen kritisiert. Eine Woche nach der Veröffentlichung der Dokumentation wurde diese aber von den Propagandabehörden zensiert. Nichtsdestotrotz wird Chai Jing mittlerweile von vielen als Chinas neue Heldin gefeiert, gerade weil sie ihre eigene Sicherheit riskierte, um der Gesellschaft die Augen zu öffnen und für das Wohl der Bevölkerung die Regierung zum Handeln aufforderte. In diesem Gesichtspunkt ist sie mit dem Nationalhelden, Yue Fei, durchaus vergleichbar. Deshalb hielt ich „Man Jiang Hong" für eine geeignete Wahl.

Meine Erfahrungen mit dem Thema Ökologie in China veranlassten mich, China aus einer anderen Perspektive zu sehen. Sie gaben mir den Anstoß, die genauen Hintergründe der momentanen Umweltsituation, die Ursachen für den Umgang innerhalb der Gesellschaft sowie die Auswirkungen der Umweltprobleme ausführlicher zu untersuchen. In dem folgenden Teil der Arbeit werde ich mich diesen Thematiken widmen und auch ermitteln, welche Maßnahmen ergriffen werden müssen, um eine bessere, gesündere und nachhaltigere Zukunft in China zu ermöglichen.

2. Einleitung

2.1 Problemstellung

Seit Beginn der Reform- und Öffnungspolitik im Jahr 1978 rückte China immer weiter von der Peripherie in das Zentrum der Weltwirtschaft. Die chinesische Führung verhalf mit einer Umformung der ineffizienten Zentralverwaltungswirtschaft in ein stärker marktorientiertes System zu jährlichen Wachstumsraten von beinahe zehn Prozent. Seit 1990 konnten 500 Millionen Chinesen aus absoluter Armut befreit werden und fast alle der im Jahr 2000 verfassten Millenniums-Entwicklungsziele konnten erreicht werden. Diese rasante und beispiellose Entwicklung wird von vielen als Wirtschaftswunder bezeichnet. Ende 2014 überholte China sogar die Wirtschaftsleistung der USA und stieg somit zur weltgrößten Volkswirtschaft auf. Die Weltbank schätzt, dass China bis 2030 den Status eines *High-Income Country*[1] erreichen wird, wenn sich dieser Trend fortsetzt.[2]

Allerdings zahlt China einen hohen Preis für diese Leistungen. Mit einem anhaltenden Wirtschaftswachstum verschlechtert sich auch gleichzeitig die Umweltsituation des Landes. Momentan belegt China im *Environmental Sustainability Index* des Weltenergierats einen schwachen 127. Rang von 129 untersuchten Ländern.[3] Aufgrund einer extremen Ressourcenknappheit im Verhältnis zur Bevölkerungszahl, einer intensiven Energienutzung und eines geringen ökologischen Bewusstseins in der Bevölkerung wird China von Umweltbelastungen mehrerer Dimensionen zugleich konfrontiert. So ist etwa China als weltweit größter Emittent von CO_2 für fast ein Drittel der weltweiten Treibhausgas-

---

[1] Der Begriff High-Income Country bezeichnet diejenigen Länder, deren Bruttonationaleinkommen pro Kopf über US$ 12 746 liegt.

[2] Vgl. World Bank: China 2030, 2012, S.3.

[3] http://www.worldenergy.org/data/trilemma-index/, 2013

emissionen verantwortlich.[4] Unter den 20 Städten mit der weltweit höchsten Luftverschmutzung sind 16 chinesische Städte, ca. sechzig Prozent des Grundwassers ist verseucht[5] und in einigen Regionen führte die Umweltverschmutzung zu so erheblichen gesundheitlichen Schäden, dass es mittlerweile 247 sogenannter „Krebsdörfer" in China gibt.[6] Das Entwicklungsmodell eines hohen Wirtschaftswachstums bei gleichzeitiger Übernutzung der Ressourcen bringt weitreichende Folgekosten mit sich und kann daher nicht als nachhaltig eingestuft werden.

Schon seit Jahren ist man sich auch auf der chinesischen Regierungsebene dessen bewusst und sich darüber einig, eine ökologisch nachhaltigere Entwicklung anzustreben. Bereits die vierte Führungsgeneration um Hu Jintao und Wen Jiabao versuchte eine „harmonische Gesellschaft" aufzubauen, welche weiterhin die wirtschaftliche Entwicklung vorantreiben sollte. Allerdings nicht mehr ungeachtet der Umweltbelastungen. Seitdem konzentrierte sich die Reformpolitik zunehmend auf den Umweltschutz. Mit der Verabschiedung des Umweltschutzgesetzes von 1989 wurde ein rechtlicher Rahmen gesetzt, welcher regelmäßig durch neue Richtlinien und Gesetze ergänzt wird.[7] Im zwölften Fünfjahresplan Chinas, in dem die wirtschaftliche und ökologische Entwicklung des Landes für die nächsten fünf Jahre (2011-2015) festgelegt sind, wurden unter anderem Ziele für eine Reduktion des Energieverbrauchs, einen Zuwachs der Waldfläche sowie eine Förderung der erneuerbaren Energien gesetzt. Trotz politischer Bemühungen und eines verminderten Wirtschaftswachstums wird wohl keines dieser Umweltziele bis Ende 2015 erreicht worden sein. Generell scheint sich die Gesamtsituation der Umwelt weiter zu verschlechtern.

---

[4] Vgl. Olivier, Jos G.J.: Trends in Global CO_2 Emissions, 2014, S.4.

[5] Vgl. MEP: 2013 State of Environment Report, 2013, S.6.

[6] Vgl. Sun, Yuefei: The Geographic Distribution of Cancer Villages in China, 2009, S.14.

[7] Vgl. Hofem, Andreas: Zwischen Zielsetzung und Umsetzung: Lokale Akteure und Institutionen im chinesischen Umweltschutzsystem, Heidelberg, 2010, S.2.

Bis jetzt ist es der chinesischen Regierung nicht gelungen, die beiden Dimensionen Ökonomie und Ökologie zu vereinbaren. Da ein hohes Wirtschaftswachstum, aber auch ein umfangreicher Umweltschutz zwei unerlässliche Voraussetzungen für neues Wachstum sind, wird sich diese Arbeit mit der Frage auseinandersetzen: Wie kann in China eine ökonomisch und ökologisch nachhaltige Entwicklung erreicht werden?

3. Umweltsituation in China

3.1 Problemfelder

3.1.1 Luft

Die steigende Nachfrage für Energie, ein zunehmender Individualverkehr und eine industrielle Expansion führten zu einer erheblichen Verschlechterung der Luftqualität in China. Die Luftqualität in weniger als ein Prozent der 500 größten Städte in China entspricht den von der WHO empfohlenen Standards und nur etwa ein Drittel der Städte konnten 2010 den nationalen Richtwert zur Luftverschmutzung einhalten.[8] In einigen chinesischen Großstädten, wie Peking oder Shanghai, werden regelmäßig Schadstoffkonzentrationen in der Luft erreicht, welche nicht mehr messbar sind. Die Regierung ist deshalb oft dazu gezwungen, jegliche physischen Aktivitäten im Freien sowie den Ausgang für Kinder und Ältere zu untersagen. Eine Studie der WHO schätzt, dass 2010 ca. 1,2 Millionen Menschen in China vorzeitig an den Folgen der Luftverschmutzung gestorben sind. Durchschnittlich verkürzt sich die Lebenserwartung der nordchinesischen Bevölkerung um 5,5 Jahre aufgrund von Luftverschmutzung.

Der bedeutendste und gefährlichste Schadstoff in der Luft ist der Feinstaub $PM_{2,5}$. $PM_{2,5}$ sind Feinstaubpartikel mit einem Durchmesser von 2,5μm oder weniger. Aufgrund dieser geringen Größe können sie bis in die menschlichen Lungenbläschen und in den Blutkreislauf gelangen, wo sie das Herz-Kreislauf-System stören können. Im Gegensatz zu anderen Feinstaubarten tragen $PM_{2,5}$ eine Vielzahl von toxischen Schwermetallen, sauren Oxiden, organischen Schadstoffen und Mikroorganismen. Daher kann eine erhöhte $PM_{2,5}$-Belastung zu einer signifikanten Verminderung der Lebenserwartung aufgrund von kardiovaskulären Erkrankungen oder Krebs führen.[9] Eine Statistik des MEP zeigte, dass die dicht besiedelten

---

[8] Vgl. Zhang, Qingfeng: Toward an Environmentally Sustainable Future, 2012, S.55.

[9] Vgl. Greenpeace: Dangerous Breathing, 2012, S.2.

Gebiete im Yangtze-Delta, Perlflussdelta und in der Peking-Tianjin-Hebei-Region einer $PM_{2,5}$-Konzentration ausgesetzt sind, die sechs- bis siebenmal so hoch ist, wie es die WHO empfiehlt (10µg/m³). Abbildung 2 stellt die regionalen Unterschiede der Luftverschmutzung durch $PM_{2,5}$ dar. Vor allem im industrialisierten Osten des Landes ist die Konzentration besonders hoch.

Die Hauptursache des $PM_{2,5}$-Ausstoßes in China ist die Verbrennung von Kohle. China ist stark abhängig von dem Energieträger, da es die primäre Energieressource im Land darstellt und für ca. 70% der gesamten Energiegewinnung im Land aufkommt. 2013 wurden in China ca. 4,15 Milliarden Tonnen Kohle verbrannt, damit ist China für etwa die Hälfte der weltweiten Kohleverbrennung verantwortlich.[10] Fast alle der 2355 Kohlekraftwerke in China sind im Osten des Landes vorzufinden.

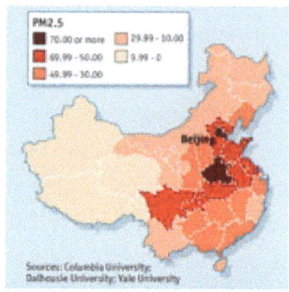

Abb. 2 Chinas $PM_{2,5}$-Werte in µm/m³
Quelle: The Economist, 2014, S.8

Neben der Kohleverbrennung ist auch der zunehmende Individualverkehr bedeutend. Mit dem Wachstum einer neuen Mittelschicht in den letzten zwanzig Jahren wurden Autos zu einem wichtigen Statussymbol in der chinesischen Gesellschaft. In Metropolen, wie Peking oder Shanghai, machen Autoabgase bereits 22% der gesamten $PM_{2,5}$-Belastung aus.[11]
Als weitere Ursachen für die Luftverschmutzung gelten Industrieabgase, die Verbrennung von Biomasse und urbane Staubaufwirbelung.

---

[10] Vgl. Greenpeace: China's Coal Rush Faces Conundrum, 2013, S.1.

[11] http://www.huffingtonpost.com/2013/01/31/china-pollution-cars-air-problems-cities_n_2589294.html, 2013

3.1.2 Wasser

Die Konsequenzen aus einer steigenden Nachfrage für Wasser, begrenztem Angebot und einer mangelhaften Wasserqualität deuten an, dass Wasserknappheit eines der wichtigsten und schwierigsten Herausforderungen für die Volksrepublik China in den nächsten Jahren sein wird.

Staatliche Medien gaben bekannt, dass bereits jetzt etwa siebzig Prozent des Grundwassers und etwa sechzig Prozent der Flüsse verseucht sei. Die Situation im Norden des Landes ist besonders alarmierend. Eine Studie des chinesischen Ministerium für Land und Ressourcen zeigte, dass dort siebzig Prozent des Grundwassers so verschmutzt sei, dass es nicht für die Industrie nutzbar und ungeeignet für jede menschliche Berührung sei.[12] Grund für die Kontamination des Wassers ist ein exzessiver Gebrauch von Düngemitteln und Pestiziden auf dem Land, toxischer Abfall, saurer Regen sowie industrielle Abfälle wie Schwermetalle, Öl und chemische Stoffe. 2013 bestätigten chinesische Behörden, dass die Wasserverschmutzung für die hohen Krebsraten in Dörfern entlang des Huai-Flusses und seiner Nebenflüsse verantwortlich sei.

Abb. 3 Wasserverteilung in China
Quelle: The Economist, 2013, S. 17

Neben der Verschmutzung von Wasser ist auch der Verbrauch problematisch. Ein „starker Wassermangel" wird von der UN mit dem Zugang zu weniger als 1000 m³ Wasser pro Person pro Jahr definiert.[13] In China beträgt dieser Wert nur 450 m³. Diese Problematik wird durch die regionale Verteilung des Wassers noch verstärkt, denn ca. achtzig Prozent

---

[12] Vgl. Kaiman, Jonathan: China says more than half of its groundwater is polluted, 2014, S.16.

[13] Vgl. United Nations: World Water Development Report, 2012, S.163.

des Süßwassers befindet sich im Süden Chinas, vor allem im Yangzi-Becken[14] (s. Abbildung 3). Siebzig Prozent des jährlichen Wasserverbrauchs wird von dem Landwirtschaftssektor verwendet, zwanzig Prozent von der Kohleindustrie. Beide dieser Industrien sind überwiegend im Norden konzentriert, in einer Region, in der es wenig saubere Grundwasservorräte und wenig Niederschlag gibt. Als Konsequenz ergibt sich ein Nachfrageüberschuss an Wasser. In Nordchina liegt die durchschnittliche Menge an zugänglichem Wasser pro Person pro Jahr bei nur etwa 200 m³.[15]

Auch die Effizienz der Wassernutzung ist ungenügend. Nur etwa vierzig Prozent des Wassers, welches in der Industrie verwendet wird, wird wiederverwertet. Dies führt dazu, dass auch die Produktivität eines Kubikmeters Wasser entsprechend gering ist. In China beträgt der Output eines Kubikmeters ca. $8, der europäische Durchschnitt liegt dagegen bei ca. $58 pro Kubikmeter Wasser.[16]

3.1.3 Boden

Die sehr lange Geschichte Chinas, das vielfältige Klima und Topographie und die starke Übernutzung des Bodens aufgrund von Knappheit führten mit der Zeit zu einer erheblichen Bodendegradation. Besonders stark betroffen sind die westlichen Regionen, in denen weder das Klima noch der Boden für eine selbst geringe Landnutzung geeignet ist.

In der letzten Zeit erlangte Bodenverschmutzung in China eine eher geringe öffentliche Aufmerksamkeit. Obwohl diese eine große Bedrohung für die Gesundheit darstellt, fokussierten sich die Behörden und Medien vor allem auf die Wasser- und Luftsituation des Landes und Daten zur Bodendegradation waren offiziell als „Staatsgeheimnis" klassifiziert.[17]

---

[14] Vgl. The Economist: All dried up, 2013, S. 11.

[15] Vgl. Calow, Roger: China's Water Dilemma, 2014, S.9.

[16] Vgl. The Economist, a.a.O., S. 11.

[17] Vgl. He, Guangwei: China's Dirty Pollution Secret, 2014, S. 1.

Ein im April 2014 veröffentlichter Bericht des MEP legte nun zum ersten Mal genaue Daten zur Bodensituation in China offen. In dem Bericht heißt es, dass 16,1% des gesamten Bodens verseucht sei. Der Wert für den landwirtschaftlich genutzten Boden liege bei sogar 19,4%. Die am stärksten betroffenen Regionen befinden sich dem Bericht zufolge am Industriegürtel im Osten und vereinzelt auch in inländischen Provinzen in West- und Zentralchina.[18] Die Hauptverursacher der Kontamination sind Schwermetalle wie Kadmium, Blei, Nickel und Arsen. Diese gelangen meist als Industrieabfälle von den Fabriken in den Boden. Außerdem ist der Gebrauch von Düngemitteln, Pestiziden und verschmutztem Wasser in der Landwirtschaft für die Bodendegradation mitverantwortlich. Die Schadstoffe können durch die Nahrungskette im menschlichen Körper akkumuliert werden und so ernsthafte gesundheitliche Schäden, wie Krebs oder Nervenerkrankungen, verursachen.

Nicht nur die öffentliche Gesundheit, sondern auch die allgemeine Nahrungsmittelversorgung ist dadurch gefährdet. China besitzt nur etwa zehn Prozent der weltweiten Anbauflächen, muss aber ca. zwanzig Prozent der Weltbevölkerung ernähren. Eine zunehmende Bodenkontamination, Urbanisierung und Industrialisierung bedroht die Nahrungsmittelproduktion Chinas. Insbesondere die ärmere Bevölkerungsschicht ist auf die lokal produzierten Nahrungsmittel angewiesen, die aber in vielen Fällen vergiftet sind. Offiziellen Angaben zufolge werden in China jährlich zwölf Millionen Tonnen kontaminiertes Getreide produziert, dies entspricht einem ökonomischen Schaden von $3,2 Milliarden. Um eine sichere Nahrungsmittelversorgung in den nächsten Jahren zu gewährleisten, muss China nun seine Lebensmittelimporte aus Südostasien erhöhen.

Neben einer Bodendegradation durch Verseuchung stellt die Desertifikation in China ein weiteres großes Problem für die Böden dar. In China sind etwa 2,62 Millionen km^2 von Desertifikation betroffen, das sind ca. 27% der Gesamtfläche Chinas. Laut der staatlichen Forstverwaltung

---

[18] Vgl. MEP/MLR: National Soil Pollution Survey, 2014, S.5.

breitet sich diese Fläche um bis zu 6 700 km² pro Jahr aus und gefährdet somit rund 400 Millionen Menschen. Etwa neunzig Prozent der Desertifikation in China tritt im Westen Chinas auf.[19] Als generelle Ursachen der Ausweitung dieser Fläche gilt Überweidung sowie eine Expansion der Agrarflächen. Als Folge ergibt sich ein verminderter Nährstoffgehalt im Boden aufgrund von Wasser- und Winderosion und dementsprechend eine Veränderung der Vegetation und ein Verlust der Artenvielfalt.

3.2 Ökonomische Kosten

Die eben skizzierten ökologischen Probleme Chinas haben auch bedeutende ökonomische Konsequenzen. Die Verkürzung der durchschnittlichen Lebenserwartung von fünf Jahren in einigen Teilen des Landes, die Übernutzung der natürlichen Ressourcen, die häufigen Ausgangssperren oder die Produktion von verseuchten Nahrungsmitteln schaden der Wirtschaft.

Das MEP versuchte in den letzten Jahren die ökonomischen Kosten der Umweltverschmutzung zu erfassen, um somit ein „grünes BIP" zu errechnen. Dieser alternative Indikator zeigt nicht nur das wirtschaftliche Wachstum auf, sondern reflektiert auch die ökonomischen Kosten der Umweltverschmutzung. Das MEP gab 2010 an, dass sich diese Kosten auf ca. $250 Milliarden belaufen würden. Dies entspricht einem Anteil von 3,5% am BIP.[20] Allerdings kritisieren viele Experten die Methoden der Errechnung dieser Werte. Der Datenbestand des MEP soll unvollständig gewesen sein, und deshalb seien einige Kosten nicht berücksichtigt worden.

---

[19] Vgl. Han, Jun: Effects of Integrated Ecosystem Management on Land Degradation Control and Poverty Reduction, 2006, S.5.

[20] Vgl. Wong, Edward: Cost of Environmental Pollution in China Growing Rapidly Amid Industrialization, 2013, S.13.

Nach Berechnungen der Weltbank lagen die monetarisierten Kosten der Umweltverschmutzung und der Übernutzung natürlicher Ressourcen 2009 bei einem Wert von ca. neun Prozent des BIP.[21] Das bereinigte BIP-Wachstum läge 2009 demnach bei nahezu null Prozent. Die größten Verursacher wirtschaftlichen Verlustes sind durch Feinstaubpartikel hervorgerufene Gesundheitsschäden und die Verminderung des Nährstoffgehalts in landwirtschaftlich genutzten Böden.

3.3 Zwischenfazit

Chinas Umweltsituation ist verheerend. Schadstoffbelastungen in der Luft, Bodenkontamination, Desertifikation, Wassermangel sowie Wasserverschmutzung bringen erhebliche Konsequenzen mit sich, die von der chinesischen Bevölkerung getragen werden müssen. Doch nicht nur die gesundheitliche und ökonomische Situation des Landes ist bedroht, sondern auch die soziale Stabilität. Auf lange Sicht wird sich die chinesische Bevölkerung mit den zunehmenden Belastungen ihrer Lebensräume nicht abfinden. Dieses Konfliktpotenzial wird sich vergrößern, desto geringer die wirtschaftliche Entwicklung und einhergehend die Wohlstandssteigerung ausfällt.

Da die chinesische Wirtschaft großteilig zu den globalen Emissionen beiträgt, wird die Forderung nach ökologischer Entwicklung nicht nur auf der innerstaatlichen Ebene, sondern auch von der internationalen Staatengemeinschaft lauter.

Aus diesen Gründen ist es für die chinesische Regierung so wichtig, die beiden Dimensionen Ökonomie *und* Ökologie zu stabilisieren. Der nächste Teil der Arbeit wird sich überwiegend mit der Gewährleistung der ökologischen Nachhaltigkeit befassen, da nur durch diese die Vorraussetzung für ein nachhaltiges Wirtschaften gegeben ist.

Ein theoretisches Modell, welches die Vereinbarkeit von Ökologie und Ökonomie zum Ziel hat, wird im nächsten Kapitel ausführlich erläutert.

---

[21] Vgl. Silk, Richard: China Weighs Environmental Costs, 2013, S.6.

4. Ökologische Ökonomie

4.1 Hauptaussagen

In den vergangenen 250 Jahren galt eine maximale Gewinnsteigerung und Güterproduktion als oberstes Ziel der Ökonomie. Doch seit den 1970er Jahren wächst weltweit die Befürchtung, dass ein solches eindimensionales Wachstum dauerhaft nicht mehr aufrechtzuerhalten ist. Insbesondere gilt dies für die Zerstörung der natürlichen Lebensgrundlagen der Menschen durch deren Übernutzung und Verschmutzung. Ein nachsorgender Umweltschutz allein kann die Probleme nicht lösen, vielmehr bedarf es einem ökologischen Umbau der Industriegesellschaft.[22] Zu dieser Erkenntnis gelangte die Weltgemeinschaft auf der UN-Konferenz im Jahr 1992 in Rio de Janeiro, indem man sich auf das gemeinsame Entwicklungsbild *sustainable development* (im Deutschen: nachhaltige Entwicklung) einigte. Nachhaltige Entwicklung wird in der Fachliteratur meist mit der weithin bekannten Definition der Brundtland-Kommission beschrieben: „Dauerhafte Entwicklung ist Entwicklung, die die Bedürfnisse der Gegenwart befriedigt, ohne zu riskieren, dass künftige Generationen ihre eigenen Bedürfnisse nicht befriedigen können".[23]

Die ökologische Ökonomie versteht sich als transdisziplinäre Schule zur Umsetzung dieser nachhaltigen Entwicklung. Sie entwickelte sich in den 1980er Jahren zu einer eigenen Teildisziplin innerhalb der Ökonomie. Sie wird häufig als *ökonomische Theorie der nachhaltigen Entwicklung unter Berücksichtigung der transdisziplinären Grundlagen* bezeichnet, wobei bislang der Schwerpunkt in der Bewahrung der Tragfähigkeit der Natur gesehen wird.[24] Im Mittelpunkt steht die Frage, wie die Grenzen der natürlichen Tragfähigkeit eingehalten werden können, um ein nachhaltiges

---

[22] Vgl. Rogall, Holger: Ökologische Ökonomie: Eine Einführung, 2008, S.17.

[23] Brundtland-Kommission: Unsere gemeinsame Zukunft, 1987, S.51

[24] Vgl. Rogall, Holger: Ökologische Ökonomie, 2008, S.17.

Wachstum zu ermöglichen. Rogall ordnet der ökologischen Ökonomie zehn Kernaussagen zu:[25]

Erstens: Die ökologische Ökonomie vertritt eine Position der *starken Nachhaltigkeit*, die sich in der Forderung, die verbleibenden Bestände an Naturkapital zu erhalten und zu erweitern, definiert.[26] Dabei wird die Wirtschaft als ein Subsystem der Natur angesehen, die ihre natürlichen Grenzen der Entwicklung auferlegt. Die natürlichen Ressourcen sind (größtenteils) nicht substituierbar. Das Nachhaltigkeitsmodell mit den drei Zieldimensionen Ökonomie, Soziales und Ökologie wird durch absolute Grenzen der natürlichen Tragfähigkeit ergänzt. Als Ziel wird in der ökologischen Ökonomie die dauerhafte Erhaltung des Naturkapitals ausgegeben. Daher ist das Pareto-Optimum[27] als Spitze der Effizienz anzusehen.

Zweitens: Obwohl sich ökologische Ökonomen einem Methodenpluralismus verpflichtet fühlen, grenzen sie sich von bestimmten Aussagen anderer Umweltökonomien ab: die Natur dient *nicht* nur als Inputfaktor für die Wirtschaft; eine exakte Monetarisierung der Umwelt ist *nicht* möglich; die Konsumentensouveränität *darf* eingeschränkt werden.

Drittens: Das traditionelle Wachstumsparadigma soll durch ein Nachhaltigkeitsparadigma ersetzt werden. Dabei kann entweder der Steady-State-Ansatz verfolgt werden, bei dem alle ökonomisch relevanten Größen im Zeitablauf relativ zueinander konstant wachsen, oder ein selektives Wachstum, welches eine schnelle Entwicklung in nur bestimmten ökonomischen Bereichen anstrebt.

---

[25] Vgl. Rogall, Holger: Ökologische Ökonomie, 2008, S.102 ff.

[26] Vgl. Ott, Konrad: Suffizienz: Umweltethik und Lebensstilfragen, 2013, S. 18.

[27] Das Pareto-Optimum definiert einen Zustand, in dem ein Objekt nicht mehr besser gestellt werden kann, ohne ein anderes gleichzeitig schlechter zu stellen. Übertragen auf den Forschungszusammenhang dieser Arbeit müssten die „Objekte" Ökonomie und Ökologie pareto-optimal werden, um eine nachhaltige Entwicklung in beiden Dimensionen zu ermöglichen.

Viertens: Eine ständige Verbesserung und Weiterentwicklung der ökologischen Ökonomie durch Diskussionsprozesse wird als notwendig angesehen.

Fünftens: Eine nachhaltige Entwicklung beruht auf ethischen Grundlagen und einer Reihe von Prinzipien. Dazu gehören u.a. die Prinzipien einer partizipativen Demokratie und Rechtsstaatlichkeit, die auf einen gesellschaftlichen Diskurs angewiesen sind. Zentral ist außerdem das Vorsorgeprinzip, welches auf die Vermeidung von irreversiblen Umweltschäden durch vorbeugende Handlungen abzielt. Trotz unvollständiger Wissensbasis bezüglich Ausmaß und Art von möglichen Schadensfällen, kann somit die intra- und intergenerative Gerechtigkeit gewährleistet werden.

Sechstens: Da die ökologische Ökonomie einen transdisziplinären Ansatz verfolgt, will sie über die rein ökonomische Betrachtungsweise hinausgehen und die nachhaltigen Prozesse im Rahmen eines sozial-ökologischen Zusammenhangs analysieren.

Siebtens: Die Operationalisierung des Nachhaltigkeitsbegriffs ist erforderlich. Durch die Entwicklung von Prinzipien, Managementregeln und Indikatorensystemen soll eine nachhaltige Entwicklung messbar gemacht werden.

Achtens: Die Änderung der Rahmenbedingungen mittels politisch-rechtlicher Instrumente wird als notwendig erachtet. Konsumenten und Produzenten sollen durch gezielte Änderungen der Rahmenbedingungen dazu bewegt werden, ihr Verhalten im Sinne der Nachhaltigkeit zu ändern. Dabei soll sowohl der Standard-Preis-Ansatz (Erhebung von Abgaben mit dem Ziel der reduzierten Nutzung natürlicher Ressourcen) als auch die Förderung der meritorischen Güter[28] Verwendung finden.

---

[28] Ein meritorisches Gut ist ein Gut, bei dem die Nachfrage der Konsumenten hinter dem gesellschaftlich gewünschten Ausmaß zurückbleibt.

Neuntens: Ökologische Ökonomen lehnen eine reine Marktwirtschaft ab, weil sie davon überzeugt sind, dass ein sozial-ökologischer Ordnungsrahmen unerlässlich ist. Dies verlangt folglich das Eingreifen des Staates, um ein Marktversagen zu verhindern und eine nachhaltige Entwicklung zu gewährleisten.

Zehntens: Der Pro-Kopf-Ressourcenverbrauch der Industrieländer muss gesenkt und die Bevölkerungszunahme der Entwicklungsländer gebremst werden. Dabei wird besondere Verantwortung der Industrieländer für die Umsetzung der intragenerativen Gerechtigkeit, globalen Nachhaltigkeit und fairen Handelsbeziehungen anerkannt. Zentrale Aussagen sind: (1) Die derzeitigen Austauschbeziehungen zwischen den Industriestaaten und den Entwicklungsländern führt zu Wohlstand in den Industrieländern und zu Armut in den Entwicklungsländern. (2) Nachhaltige Entwicklung ist ohne verwirklichte intragenerative Gerechtigkeit nicht möglich. (3) Ein globaler Ordnungsrahmen ist unerlässlich. (4) Der heutige Pro-Kopf-Ressourcenverbrauch kann nicht auf die bis 2050 9,6 Milliarden Menschen ausgeweitet werden. (5) Schwellenländer, wie die BRIC-Staaten, dürfen darüber hinaus nicht die strukturellen und technischen Entwicklungen der Industrieländer nachahmen. Sie müssen von Anfang an ressourceneffiziente Techniken anwenden.

4.2 Strategien der Nachhaltigkeit

Um eine nachhaltige Entwicklung zu ermöglichen, verfolgen ökologische Ökonomen drei verschiedene Strategien der Nachhaltigkeit: Effizienz, Konsistenz und Suffizienz. Diese Strategien sollen nachhaltige Entwicklung in den Zieldimensionen Ökonomie, Ökologie und Soziales unter Berücksichtigung der Grenzen der

Abb. 4 Dimensionen und Strategien der Nachhaltigkeit
Quelle: Siebenhüner, Bernd: Homo Sustinens, 2001, S. 78

natürlichen Tragfähigkeit umsetzen (siehe Abb. 4). Die Entwicklung des Konzepts der Nachhaltigkeitsstrategien ist maßgeblich durch den Brundtland-Bericht von 1987 bedingt: „Die Welt muß bald Strategien entwerfen, die den Ländern erlauben, aus ihren gegenwärtigen, oft destruktiven Wachstums- und Entwicklungsprozessen zu nachhaltigen Entwicklungswegen überzuwechseln."[29]

Im Folgenden werden die drei Strategien vorgestellt und erläutert.

Effizienz: Effizienz bedeutet ein bestimmtes Produkt mit dem geringsten möglichen Energie- und Ressourceneinsatz herzustellen. Dies kann durch Effizienztechnologien, Wiederverwertung und einer erhöhten Lebensdauer von Produkten erreicht werden. Für die meisten Akteure der Wirtschaft ist Effizienz die bevorzugte Strategie, Ressourcenverbrauch und Umweltbelastungen zu reduzieren.[30] Mittels politisch-rechtlicher Mittel soll ein Forschungs- und Entwicklungswettbewerb angeregt werden, der dann eine Effizienzsteigerung bewirkt. Also wird der Entwicklungspfad staatlich gelenkt. Diese Strategie hat zumindest mittelfristig gute Erfolgschancen. Sowohl die Schadstoffemissionen als auch der Ressourcenverbrauch kann erheblich eingeschränkt werden. Die Grenzen dieser Strategie liegen in der Endlichkeit der Ressourcen und im *Rebound-Effekt*: Eine Effizienzsteigerung bei einem Gut wirkt wie eine Preissenkung und ist so mit einer Zunahme der Nachfrage nach diesem Gut verbunden. Dies führt wiederum zu einem erhöhten Ressourcenverbrauch.

Konsistenz: Konsistenz strebt die Integration der menschlichen Gesellschaft inklusive ihrer Technologie in die restliche Umwelt an. Um dies zu erreichen, fokussiert sich dieser Strategiepfad auf die Kreislaufführung von Stoffen und Energie und ermöglicht somit das Schließen des materiellen und energetischen Flusses in Wirtschaftsprozessen. Das bedeutet, dass Güter produziert werden, die entweder in natürliche Kreisläufe zurückgeführt werden können oder kontinuierlich in

---

[29] WCED: Der Brundtland-Bericht, Genf, 1987, S.52

[30] Vgl. Otto, Siegmar: Bedeutung und Verwendung der Begriffe nachhaltige Entwicklung und Nachhaltigkeit, Bremen, 2007, S. 52.

technischen Kreisläufen gehalten werden, z.B. durch Recycling. Die Wiederverwendung von Brauchwasser oder die Nutzung von Abwärme sind Beispiele der Konsistenzstrategie in der Produktion, die Errichtung kompletter Stoffkreisläufe geht dabei deutlich weiter. Da Konsistenz nicht nur einzelne ökologische Maßnahmen, sondern die nachhaltige Gesamtwirkung des Wirtschaftens fordert, wird sie als effektiver als die Effizienzstrategie angesehen.

Suffizienz: Im Gegensatz zur Effizienz- und Konsistenzstrategie wird die Suffizienzstrategie weit seltener im ökologischen Diskurs angeführt, obwohl sie genauso notwendig ist. Die Suffizienz bemüht sich um einen geringeren Verbrauch von Materie und Energie durch eine reduzierte Nachfrage nach Gütern mit hohem Ressourcenanteil.[31] Es sollen neue Lebensstile und strukturverändernde Maßnahmen entwickelt und umgesetzt werden. Dabei handelt es sich um die Vermeidung bestimmter umweltschädlicher Dienstleistungen und Produktionsprozesse. Die Suffizienzstrategie enthält ein quantitative und eine qualitative Dimension. Quantitativ zielt die Strategie auf eine Verringerung des Naturverbrauchs durch eine Reduktion des subsistenzübersteigenden Konsumniveaus ab. In qualitativer Hinsicht strebt die Strategie, trotz Konsumeinschränkungen, keine Verschlechterung der Lebensqualität an. Die Suffizienz ist der wahrscheinlich unbequemste Strategiepfad von allen, da er die grundlegende Änderung des alltäglichen Verhaltens der Bürger fordert.

Die drei Strategien sollten allerdings nichts als sich gegenüberstehend gesehen werden, sondern vielmehr als komplementäre Strategien. Die Menschheit wird beispielsweise langfristig nicht auf eine Suffizienz verzichten können. Möglicherweise könnten die anderen Strategien aber die nötige Zeit verschaffen, eine sozialverträgliche und wirksame Suffizienzstrategie zu entwickeln.

Anhand dieser Strategien werden in den folgenden Kapiteln verschiedene Maßnahmen der chinesischen Regierung kategorisiert und bewertet.

---

[31] Vgl. Linz, Manfred: Was wird dann aus der Wirtschaft?, Wuppertal, 2006, S.6.

5. Umweltpolitischer Paradigmenwechsel

5.1 Die harmonische Gesellschaft

Während des gesamten Reformzeitraums, also seit über 35 Jahren, konzentrierte sich die Volksrepublik China fast ausschließlich auf expansives Wirtschaftswachstum. Dass eine solche Wachstumsideologie langfristig nicht tragbar sein würde, wurde auch auf der chinesischen Regierungsebene erkannt. Um den in Kapitel 3 dargestellten Umweltproblemen entgegenzuwirken, war es notwendig, einen Wandel im politischen System zu vollziehen. Ansätze eines solchen Paradigmenwechsels äußerten sich zunächst in der Verabschiedung der „Agenda 21", welche nach der Umwelt- und Entwicklungskonferenz in Rio 1992 entwickelt wurde. Diese hatte zum Ziel, den Umweltschutz als integralen Bestandteil der gesellschaftlichen und wirtschaftlichen Entwicklung zu etablieren. Allerdings hatte die „Agenda 21" mehr proklamatorischen Charakter und bewirkte keine nachhaltigen Veränderungen.

Erst 2005 erklärte die Hu-Wen-Administration, eine umweltfreundliche und ressourceneffiziente Gesellschaft aufbauen zu wollen. Diese Vorsätze sind in der ökologischen Dimension der „harmonischen Gesellschaft" (*héxié shèhuì*), verankert. Das Leitbild der harmonischen Gesellschaft steht grundsätzlich für eine sozial gerechtere Gesellschaft sowie für ein nachhaltiges Wirtschaftswachstum, das auch Umweltkosten angemessen berücksichtigt.[32] Es verfolgt damit als Nachhaltigkeitsstrategie insbesondere den Abbau sozialer Disparitäten und die Verringerung schädlicher Umweltfolgen. Als Basis dient die Erkenntnis, dass negative Begleiterscheinungen der ökologischen Entwicklung in der letzten Zeit zu einer gesellschaftlichen Destabilisierung führen werden. Auf der sechsten Nationalkonferenz über Umweltschutz im April 2006 führte der damalige Premier Wen Jiaobao aus: „Um eine harmonische Entwicklung des Menschen und der Gesellschaft zu fördern, müssen wirtschaftliche Fragen

---

[32] Vgl. Wacker, Gudrun/Kaiser, Matthias: Nachhaltigkeit auf chinesische Art, Berlin, 2008, S.7.

und Umweltfragen gleichen Rang haben." Chinas Premierminister verkündete die drei strategischen Zielsetzungen:[33]

- Integration von Umweltschutz und wirtschaftlicher Entscheidungsfindung
- Entkoppelung der Schadstoffemissionen vom wirtschaftlichen Wachstum
- Anwendung administrativer, gesetzlicher und marktmäßiger Instrumente, um Umweltprobleme zu lösen

2007 wurde das „wissenschaftliche Entwicklungskonzept", das auch die „harmonische Gesellschaft" mit einbezieht, offiziell in die Verfassung der KP aufgenommen.

5.2 Umweltziele

Um die grundlegenden Richtlinien für die ökonomische und ökologische Entwicklung des Landes festzulegen, verwendet China sogenannte Fünf-Jahrespläne. Am 16. März 2011 verabschiedete der Nationale Volkskongress der VR China den zwölften Fünfjahresplan, der in den Jahren 2011 bis 2015 umgesetzt werden soll. Im Gegensatz zu früheren Plänen wurden erstmals umfassende Zielvorgaben zur Reduktion des Energieverbrauchs und des Verbrauchs von natürlichen Ressourcen gesetzt. Außerdem legte man den Schwerpunkt der zukünftigen Entwicklung auf den Übergang zu einem langsameren, nachhaltigeren Wirtschaftswachstum. Das Konzept der „harmonischen Gesellschaft" sollte umgesetzt werden.
Konkrete Umweltziele, die im zwölften Fünfjahresplan veröffentlicht wurden, sind u.a.:[34]

- eine Reduktion der CO_2-Emissionen pro BIP-Einheit um 17%

---

[33] Vgl. Bohnet, Michael: Chinas langer Marsch zur Umweltrevolution, Bonn, 2008, S.3.

[34] Vgl. Kubach, Tim: Chinas 12. Fünfjahrplan für 2011-2015: Prioritäten, Zielvorgaben, Projekte, Trier, 2011, S.15.

- ein Anstieg des Anteils nicht-fossiler Brennstoffe am Energieverbrauch um 11,4%
- eine Reduktion des Energieverbrauchs pro BIP-Einheit um 16%
- eine Reduktion der SO_2-Emissionen um 8%
- eine Ausweitung der Waldfläche um 12,5 Millionen Hektar

Diese Zielvorgaben galten von vornherein als ambitioniert, dennoch stuften Experten sie als realistisch ein.[35] Den verfügbaren Informationen zufolge liegt China bei der Umsetzung der Pläne aber hinter dem Zeitplan. Bis Ende 2015 sollen alle Zielvorgaben realisiert werden, die veröffentlichten Daten prognostizieren aber ein unbefriedigendes Ergebnis. Im ersten Quartal 2014 lag die Reduktion der CO_2-Emissionen pro BIP-Einheit bei lediglich 6,6%, der Anstieg des Anteils nicht-fossiler Brennstoffe bei 0,8%, die Reduktion des Energieverbrauchs pro BIP-Einheit bei 5,5% und die Ausweitung der Waldfläche bei 7,5 Millionen Hektar. Die SO_2-Emissionen sind sogar um 2,82% *gestiegen*.[36]

5.3 Zwischenfazit

Der umweltpolitische Paradigmenwechsel Chinas ist definitiv als positive Strategieänderung zu bewerten. Die relativ schnelle Adaption der ökologischen Zielsetzungen zeigt - zumindest auf einer rhetorischen Ebene - Chinas politische Ambitionen und dessen favorisierende Einstellung gegenüber alternativen und nachhaltigen Lösungswegen.

In vielerlei Hinsicht reflektiert Chinas neues Entwicklungskonzept unter dem Leitbild der „harmonischen Gesellschaft" die Grundsätze der ökologischen Ökonomie und der Nachhaltigkeitsstrategien. Dies zeigt sich beispielsweise in der Absicht, ein langsameres, konstanteres Wachstum

---

[35] Vgl. Kirkland, Joel: China's Ambitious, High Growth 5-Year Plan Stirs a Climate Debate, New York, 2011, S.17.

[36] Vgl. Tang, Jenny: China's 12th Five-Year Plan: Three Years Down, Two to Go, Berkeley, 2014, S.7.

zu generieren, in der Bemühung um eine intragenerative Gerechtigkeit oder in der beabsichtigten Anwendung staatlicher Maßnahmen zur Lösung der Umweltprobleme.

Trotz dieser bemerkenswerten Transformation deuten die verfehlten Umweltziele des zwölften Fünfjahresplans und die sich verschlechternde Umweltsituation darauf hin, dass die neuen Entwicklungskonzepte nicht korrekt implementiert oder umgesetzt wurden.

Die Leitfrage dieser Arbeit ist: Wie kann in China eine ökonomisch und ökologisch nachhaltige Entwicklung erreicht werden? Um diese Frage zu beantworten, müssen zunächst die einzelnen Mittel der Regierung bzw. Gesetze untersucht werden. So kann man die Mängel und Probleme der Gesetzgebung feststellen und schließlich Verbesserungen vorschlagen. Im nächsten Kapitel werden die wichtigsten Umweltgesetze Chinas vorgestellt und mit Hilfe der Nachhaltigkeitsstrategien kategorisiert und bewertet.

6. Analyse der Umweltgesetze

6.1 Nationale Umweltgesetze

Das Fundament eines effektiven Umweltschutzes ist das Rechtssystem eines Staates und dessen korrekte Umsetzung. Historisch gesehen tendierte China eher dazu, soziales Verhalten durch moralische Regeln und Gebräuche zu steuern als mit Hilfe von Gesetzen. Allerdings konnte ein solcher Ansatz im Zuge der Industrialisierung und Urbanisierung bald nicht länger verfolgt werden. Deshalb wurde in den frühen 1970er Jahren mit dem Aufbau eines umfassenden Umweltschutzes begonnen.[37] Mit der Verabschiedung des Umweltschutzgesetzes von 1989 entstand erstmals ein rechtlicher Rahmen, welcher aus 29 Gesetzen, zahlreichen Verordnungen und Umweltstandards besteht.[38] Parallel dazu existieren Institutionen, die sich vom nationalen Ministerium für Umweltschutz (*Huánjìng bǎohù bù*) vertikal über die Verwaltungsebenen hinweg bis zu den Umweltschutzbüros (*Huánbǎo jú*) auf der Kreisebene erstrecken.
Im Folgenden werden die wichtigsten Umweltgesetze vorgestellt und einer der drei Nachhaltigkeitsstrategien zugeordnet.

Das Umweltschutzgesetz (*Environmental Protection Law*)[39], welches seit 1989 in der jetzigen Form besteht, bildet die Grundlage der chinesischen Umweltgesetze. Es beinhaltet die wesentlichen Prinzipien für sowohl präventive als auch rehabilitative Maßnahmen. Das Gesetz enthält Vorgaben zu Umweltmanagement, Monitoring, zur Haftung und zum Vollzug. Die Berechtigung, den Umweltschutz zu leiten und zu beaufsichtigen, wurde auf nationaler Ebene dem MEP unterstellt. Jedoch unterhalten die lokalen Regierungen Umweltschutzbüros, die ihrerseits für Umweltmanagement und Aufsicht in ihrem Zuständigkeitsbereich

---

[37] Vgl. Beyer, Stefanie: Environmental Law and Policy in the People's Republic of China, Oxford, 2006, S.185.

[38] Vgl. Hofem: Zwischen Zielsetzung und Umsetzung, 2010, S.2.

[39] Um Missverständnissen vorzubeugen, werden in dieser Arbeit die englischen Übersetzungen der Gesetze verwendet.

verantwortlich sind. Sie sind sowohl dem MEP als auch den lokalen Regierungen verpflichtet. Dabei bestimmt das MEP lediglich nationale Umweltstandards, die Implementierung dieser obliegt allerdings den Provinzen, bzw. den lokalen Regierungen. Die Provinzen dürfen eigenständig strengere Umweltstandards einführen oder solche festlegen, wenn nationale Vorgaben nicht vorhanden sind. Sollten diese Standards von Akteuren nicht eingehalten werden, müssen die Verursacher prinzipiell eine Strafe zahlen und die hervorgerufenen Umweltschäden beheben.

Das Gesetz ist keiner der Nachhaltigkeitsstrategien zuzuordnen. Vielmehr stellt es die grundlegende ideologische Basis der chinesischen Umweltpolitik dar. Es ist folglich als juristische Ausgangsbasis für alle weiteren Gesetze zu betrachten.

Law on the Prevention and Control of Atmospheric Pollution (1995): Dieses Gesetz wurde formuliert, um Luftverschmutzung in China zu vermeiden und zu kontrollieren, die Umwelt zu schonen, die menschliche Gesundheit zu sichern und die nachhaltige Entwicklung der Wirtschaft und Gesellschaft zu fördern.[40] Aufgrund der in Kapitel 3 dargestellten Gefährdungen der allgemeinen Luftqualität sah sich die Regierung dazu gezwungen, im Jahr 2000 größere Abänderungen dieses Gesetzes von 1995 vorzunehmen. Neue Zielsetzungen sind: Die gesamten Emissionen auf das Niveau von 1995 zu stabilisieren; in 34 von 47 wichtigen Schlüsselstädten die nationalen Umweltstandards zu erreichen; die Staubemissionen von Baugeländen in Peking um siebzig Prozent zu senken. Des Weiteren autorisiert dieses Gesetz die Provinzregierungen, eigene Schutzzonen zu errichten. Außerdem sieht das Gesetz ein Abgabensystem für Emissionen vor, welches auf spezifischen Kategorien und der Menge der Luftverschmutzung basiert. Auch die Anwendung marktbasierter Mechanismen zur Förderung erneuerbarer Energien sowie allgemeine Emissionsstandards und jährliche Abgasuntersuchungen für

---

[40] Vgl. MEP: Law on the Prevention and Control of Atmospheric Pollution, Peking, 1995, Art.1.

Fahrzeuge wurden festgelegt. Dabei dürfen die Provinzen parallel zum Umweltschutzgesetz strengere Abgasnormen erlassen. Aufforstung sowie eine Begrünung der städtischen und ländlichen Räume soll stattfinden und so die Luftqualität verbessern. In einzelnen Städten sollen sehr verschmutzende Aktivitäten wie Kohleverbrennung sogar vollständig untersagt werden. Zudem müssen Kraftwerke oder Unternehmen, die die Standards nicht erfüllen, Filter einbauen oder andere Maßnahmen zur Erreichung der Standards innerhalb eines vom Zentralkomitee festgesetzten Zeitraumes ergreifen.[41]

Da sich dieses Gesetz hauptsächlich auf die Reduktion von schädlichen Emissionen fokussiert, lässt es sich als Effizienzsteigerung ansehen und somit auch der Effizienzstrategie zuordnen.

Law on Prevention and Control of Water Pollution (1984): Die sehr ernste Lage zur Wasserverschmutzung wurde ebenfalls bereits in Kapitel 3 erläutert. Als Reaktion auf diese Situation wurde dieses Gesetz entworfen, welches 2008 zum letzten Mal überarbeitet wurde. Es bezieht sich auf alle Arten von Wasser und Gewässer außer Meerwasser. Die letzte Emendation des Gesetzes betraf hauptsächlich die behördliche Zuständigkeit. Auch im Bereich Wasser legt das MEP Qualitätsstandards fest sowie in Übereinstimmung mit ökonomischen und technologischen Faktoren die Abwassernormen. Um regionalen Disparitäten und Auseinandersetzungen vorzubeugen, gelten die Regelungen landesweit. Das MEP hat dabei die Aufgabe zusammen mit anderen Regierungsinstanzen direkt unter der Kontrolle der Zentralregierung, betreffende Pläne zu entwerfen. Auch hier können spezielle Schutzzonen errichtet werden, die jegliche Wasserverschmutzung verbietet. Außerdem sollen Gebühren für Wasserverschmutzung erhoben werden und städtische Abwasserkläranlagen errichtet werden. Generell sind alle Abwassereinleiter dazu verpflichtet, den Behörden Informationen über Abwasser-

---

[41] Vgl. Beyer, a.a.O., S. 186.

menge und -art sowie über präventive Maßnahmen zur Verfügung zu stellen.[42]

Aus den selben Gründen wie bei dem Gesetz zur Luftverschmutzung muss auch dieses Gesetz als Effizienzsteigerung betrachtet werden. Es handelt sich in erster Linie um die Verminderung der Wasserverschmutzung und sollte demnach auch der Effizienzstrategie zugeordnet werden.

Law on the Prevention and Control of Environmental Pollution by Solid Waste (1995): Dieses Gesetz bezieht sich auf die Regulierung und Vermeidung von Feststoffabfall. Um die mit Abfall verbundenen ökologischen Gefährdungen zu minimieren, fordert das Gesetz Prinzipien zur Reduzierung von Feststoffabfall, die Wiederverwertung und die sichere Entsorgung des Abfalls.[43] Es dient als umfassendes nationales Rahmengesetz für das Management des städtischen, industriellen und des toxischen Mülls. Allerdings werden die genauen Details von den regionalen Regierungen bestimmt und das MEP hat erneut die landesweite Aufsicht und trägt die Verantwortung für den allgemeinen Umgang mit Feststoffabfall. Während die lokalen Umweltschutzbüros in ihrem Verwaltungsgebiet verantwortlich sind, ist das MEP zusammen mit anderen Departments dazu verpflichtet, technologische Regelungen zu entwerfen und moderne Produktionstechniken und Betriebsmittel zu fördern. Außerdem etabliert das Gesetz ein Report-, Registrierungs- und Lizenzierungssystem für Feststoffabfall und Giftmüll und geht somit über die bloße Regulierung der Müllentsorgung hinaus.
Alle Akteure müssen moderne Methoden zur Abfallreduzierung anwenden und bei Nichteinhaltung der Vorschriften Strafen bezahlen. Auch die Problematik der Abfallimporte nach China werden in dem Dokument thematisiert, so sind diese reguliert und zum Teil verboten.

---

[42] Vgl. Beyer, a.a.O., S. 187.

[43] Vgl. MEP: Law on the Prevention and Control of Environmental Pollution by Solid Waste, Peking, 1995, Art. 3.

Bei diesem Gesetz handelt es sich nicht um eine einfache Effizienzsteigerung, sondern um eine Veränderung der Mechanismen und Technologien, die zum Einsatz kommen. Deshalb sollte dieses Gesetz der Konsistenzstrategie zugeordnet werden.

The Circular Economy Promotion Law (2009): Dieses Gesetz zielt auf die Entwicklung einer Kreislaufwirtschaft, den effizienteren Gebrauch von Ressourcen, einen verbesserten Umweltschutz sowie die Realisierung der nachhaltigen Entwicklung ab.[44] Der Begriff *Kreislaufwirtschaft* bezieht sich hierbei auf Reduktion, Wiederverwertung und das Recycling von Ressourcen in Produktions-, Umlauf- und Verbrauchsprozessen. Das Gesetz verbietet generell sowohl nicht ressourcenschonende Materialien als auch Fertigungstechniken. Dabei steht der Energiekonsum und der Emissionsausstoß der Schwerindustrie im Fokus. Des Weiteren sollen Politikstrategien entwickelt werden und in umweltfreundliche Industrien investiert werden. Einzelne Bestimmungen des Gesetzes sind: Industrieunternehmen sollen Wassersparrtechnologien einführen; Geräte, die mit Ölverbrennung laufen, sollen allmählich ersetzt werden; in neuen Gebäuden sollen erneuerbare Energien eingesetzt werden, wie z.B. solare und geothermale Energie.
Welche Instanzen für die Implementierung des Gesetzes zuständig sind, wird in dem Dokument nicht spezifiziert.

In erster Linie verfolgt das Gesetz eine Effizienzstrategie. Durch die technologischen Neuerungen, die gefördert werden sollen, und die Promotion der Kreislaufführung von Stoffen findet aber auch gleichzeitig die Konsistenzstrategie Anwendung.

---

[44] Vgl. The Standing Committee of the National People's Congress: The Circular Economy Promotion Law, Peking, 2008, Art. 1.

6.2 Mängel der Umweltgesetzgebung

Unter Berücksichtigung der relativ kurzen Geschichte der Umweltgesetzgebung in China kann ein hohes Maß an Entwicklung festgestellt werden. Die Gesetze sind formell sehr umfangreich, fordern die nachhaltige Entwicklung und nehmen inhaltlich direkt Bezug auf die aktuellen Umweltprobleme. Jedoch weisen die verfehlten Umweltziele und die insgesamt schlechte Umweltsituation auf erhebliche Mängel in der Umsetzung dieser Gesetze hin.

Die Volksrepublik China ist in der Theorie ein Zentralstaat, in dem die Zentralregierung Gesetze erlässt, welche die lokalen Regierungen übernehmen müssen. Die Praxis sieht dagegen weniger deutlich aus. Die Gesetzgebung lässt die Möglichkeit eines Interessenkonflikts zwischen den einzelnen lokalen Regierungen und dem MEP unbeachtet, was ein großes Hindernis zur Implementierung der Umweltgesetze darstellt. Die lokalen Umweltschutzbüros orientieren sich nämlich an die jeweilige Lokalregierung, da diese sowohl Geldgeber als auch die direkt vorgesetzte Instanz ist. Jedoch gerät dies in Konflikt mit der gleichzeitigen Zugehörigkeit in die Strukturen des MEP, das zwar über die formale Autorität über die Umweltschutzbüros verfügt, diese aber kaum effektiv durchsetzen kann. Oft ist es für die Lokalregierungen vorteilhafter, Verschmutzung durch Akteure illegalerweise zuzulassen, um somit die Wirtschaftsleistung ihrer Region zu fördern. Beamte erhalten nämlich einen höheren Verdienst bei höherer wirtschaftlicher Entwicklung und nicht selten Bestechungsgelder von den Produzenten.[45] Zudem wird die Implementierung durch die Tatsache erschwert, dass Lokalregierungen oft selber Eigentümer der verschmutzenden Betriebe sind und Umweltschutz und wirtschaftlicher Erfolg für inkompatibel gehalten werden.

Darüber hinaus wird eine effektive Umsetzung durch technische und organisatorische Mängel behindert. Das MEP verfügt weder über die ausreichenden Ressourcen (Technik, Humankapital) noch über die

---

[45] Vgl. Chow, Gregory C.: China's Energy and Environmental Problems and Policies, Princeton, 2009, S. 14.

notwendige Autorität. Zuständigkeitsüberlappungen ohne klare Regelungen behindern die Effektivität und die Koordination der verantwortlichen Behörden. Das MEP hat somit kaum Informationen über die Entwicklung im lokalen Raum. Folglich hängt der Erfolg des Umweltschutzes von dem Verhalten der lokalen Umweltbehörden ab.[46]
Eine weitere wichtige Ursache für die Erfolglosigkeit der Gesetze ist die Verwendung sehr allgemeiner und vager Ausdrucksweisen, die in der chinesischen Gesetzgebung einen generell üblichen Bestandteil darstellt. Signifikante Merkmale vieler Umweltmaßnahmen erscheinen eher wie Grundsatzerklärungen oder Ideale, nicht wie Gesetze. Prinzipiell werden Handlungen angeregt, aber selten konkret gefordert. Selbst wenn spezifische Pflichten genannt werden, stehen nur wenige Richtlinien für die Durchführung dieser zur Verfügung. Diese Problematik spiegelt sich in der häufigen Verwendung des Wortes „sollen" (应该) anstatt des stärkeren Begriffes „müssen" (得 oder 必须) in den Gesetzestexten wieder. Ein Beispiel bietet Artikel 19 des Gesetzes für die Prävention und Kontrolle der Luftverschmutzung, in dem es heißt: „Unternehmen *sollen* der Übernahme von sauberen Produktionstechniken Vorrang einräumen […]."[47]

Das Problem der fehlenden Definitionen und der ungenauen Formulierungen in den Gesetzen führt dazu, dass es keine klaren Anhaltspunkte für die lokalen Regierungen gibt, wie genau sie diese Gesetze zu interpretieren haben. Daraus folgt, dass die Gesetze unterschiedlich und womöglich zugunsten der jeweiligen Verantwortlichen ausgelegt werden, was nicht im Interesse des Umweltschutzes ist.

Zusammenfassend muss man feststellen, dass Chinas Justizsystem in Bezug auf den Umweltschutz keineswegs ausgereift ist. Die gesetzlichen Missstände sind ernst zu nehmen. Die Gesetze geben kaum Hinweise auf die Verantwortlichkeit von Regierungsbehörden noch gibt es genügend Details zur Implementierung. Rhetorisch, ideell und formal ist die chinesische Umweltpolitik nachhaltig, allerdings nicht in ihrer Umsetzung.

---

[46] Vgl. Beyer, a.a.O., S. 207.

[47] MEP: Law on the Prevention and Control of Atmospheric Pollution, Peking, 1995, Art. 15

7. Fazit

Chinas Umweltprobleme stellen ein erhebliches Hindernis für eine nachhaltige Entwicklung des Landes dar. Die starke Luftverschmutzung hat sehr schädliche Auswirkungen auf die allgemeine Gesundheit und schränkt die Menschen in ihren alltäglichen Aktivitäten ein. Insbesondere in Städten ist die Lage verheerend, dort werden weder internationale noch nationale Standards eingehalten. Außerdem sind in China über die Hälfte der Gewässer verseucht und gleichzeitig wird das Land mit dem Problem einer zunehmenden Wasserknappheit konfrontiert sein, die regionale Disparitäten verschärfen wird. Nicht nur Wasser, sondern auch ein signifikanter Anteil des Bodens ist verseucht. Dies birgt neben Gesundheitsgefährdungen auch eine große Bedrohung für die Ernährungssicherheit des Landes.

Chinas eindimensionaler Fokus auf die Wirtschaftsentwicklung verursachte nicht nur ökologische, sondern auch ökonomische Kosten. Würde man die ökologischen Schäden monetarisieren und im BIP berücksichtigen, könnte China fast kein Wirtschaftswachstum verzeichnen. Daher ist es aus ökologischer und ökonomischer Sicht unabdingbar, dem Umweltschutz höchste politische Priorität einzuräumen.

China reagierte mit dem Aufbau der harmonischen Gesellschaft und eines umfassenden rechtlichen Rahmens auf die katastrophale Lage der Umwelt. Rhetorisch und ideell reflektiert diese Strategieänderung der Regierung in vielerlei Hinsicht die Grundsätze der ökologischen Ökonomie. Diese beinhalten u.a. die Ersetzung des Wachstumsparadigmas durch ein Nachhaltigkeitsparadigma und die Änderung der Rahmenbedingungen mittels politisch-rechtlicher Mittel. Bei gleichzeitiger Orientierung an den Strategien der Nachhaltigkeit ließe sich somit eine nachhaltige Entwicklung erreichen.

Trotz umfangreicher und angemessener Gesetze verhindern Probleme bei der Implementierung der Gesetze und Formulierungsmängel einen effektiven Umweltschutz in China. Außerdem verfolgt China in der Umweltgesetzgebung überwiegend die Effizienz- und Konsistenzstrategie, für eine langfristig nachhaltige Entwicklung muss allerdings auch die Suffizienzstrategie Anwendung finden. Um eine nachhaltige Entwicklung zu erreichen, müssen diese Hindernisse nun überwunden werden.

Die Regierungsebene sollte sich bei der Behebung der Implementierungsprobleme vor allem auf die lokalen Beamten der Umweltschutzbüros konzentrieren. Diese vernachlässigen nämlich oft ihre Pflichten, Umweltverschmutzung durch Betriebe zu unterbinden, da sie bei höherer wirtschaftlicher Leistung ihrer Region einen höheren Verdienst erhalten. Deshalb sollte die Regierung ein System formalisieren, in dem die kommunalen Beamten auf Basis der ökologischen Leistungsfähigkeit der betreffenden Region entlohnt werden, um so einen wirksamen Vollzug der Umweltgesetze zu garantieren. Zusätzlich muss die Möglichkeit bestehen, dass die Nichteinhaltung ihrer Pflichten mit erheblichen Strafmaßnahmen geahndet werden kann. Des Weiteren müssen die Zuständigkeiten der Behörden in den Gesetzestexten formal geregelt werden und gleichzeitig die vagen und allgemeinen Ausdrucksweisen überarbeitet sowie die konkreten Verpflichtungen spezifiziert werden.

Damit umweltpolitische Maßnahmen überhaupt Erfolg haben können, muss allerdings auch die Bevölkerung ein gewisses Umweltbewusstsein aufweisen können. Im Zuge des chinesischen Modernisierungsprozesses steht jedoch die Entwicklung einer ausgeprägten Konsumkultur einem ökologischen Bewusstsein im Wege. Ein solches von soziokulturellen Faktoren beeinflusstes Konsumverhalten kann nur durch Anwendung der Suffizienzstrategie verändert werden. Beispielsweise könnte die chinesische Regierung nach dem Vorbild der deutschen Ökosteuer Güter besteuern, die mit hohen ökologischen Kosten hergestellt werden. Durch eine solche Internalisierung externer Kosten werden derartige Güter verteuert. Da die Preise erhöht werden, wird auch die Nachfrage nach diesen Gütern sinken und somit werden neue, umweltfreundlichere Lebensstile angeregt.

Außerdem sollte die Regierung Medien als Mittel für einen umfassenden Umweltschutz betrachten. Medien haben nämlich einen großen Einfluss auf das alltägliche Verhalten der Bevölkerung indem sie die Menschen über ökologische Themen informieren können und so die Möglichkeit haben, ökologisch bewusste Verhaltensweisen zu bewerben. Wie stark die mediale Wirkung in Bezug auf Umweltschutz in der Gesellschaft sein kann, zeigte zuletzt Chai Jings Dokumentation „Under the Dome".

Wie kann in China eine ökonomisch und ökologisch nachhaltige Entwicklung erreicht werden? Diese Arbeit kommt zu dem Schluss, dass die chinesische Regierung die Mängel in der Umsetzung sowie in den Formulierungen der Umweltgesetze beheben und gleichzeitig Verhaltensänderungen der Bevölkerung auslösen muss. Nur so kann eine ökonomisch und ökologisch nachhaltige Entwicklung in China erreicht werden.

8. Literaturverzeichnis

BEYER, STEFANIE: Environmental Law and Policy in the People's Republic of China, Oxford, 2006, S.185

BOHNET, MICHAEL: Chinas langer Marsch zur Umweltrevolution, Bonn, 2008, S.3.

BRUNDTLAND-KOMMISSION: Unsere gemeinsame Zukunft, 1987, S.51

CALOW, ROGER: China's Water Dilemma, 2014, S.9.

CHOW, GREGORY C.: China's Energy and Environmental Problems and Policies, Princeton, 2009, S. 14

GREENPEACE: China's Coal Rush Faces Conundrum, 2013, S.1

GREENPEACE: Dangerous Breathing, 2012, S.2

HAN, JUN: Effects of Integrated Ecosystem Management on Land Degradation Control and Poverty Reduction, 2006, S.5

HE, GUANGWEI: China's Dirty Pollution Secret, 2014, S. 1

HOFEM, ANDREAS: Zwischen Zielsetzung und Umsetzung: Lokale Akteure und Institutionen im chinesischen Umweltschutzsystem, Heidelberg, 2010, S.2

KAIMAN, JONATHAN: China says more than half of its groundwater is polluted, 2014, S.16

KIRKLAND, JOEL: China's Ambitious, High Growth 5-Year Plan Stirs a Climate Debate, New York, 2011, S.17

KUBACH, TIM: Chinas 12. Fünfjahrplan für 2011-2015: Prioritäten, Zielvorgaben, Projekte, Trier, 2011, S.15

LINZ, MANFRED: Was wird dann aus der Wirtschaft?, Wuppertal, 2006, S.6

MEP: Law on the Prevention and Control of Atmospheric Pollution, Peking, 1995, Art.1

MEP: Law on the Prevention and Control of Environmental Pollution by Solid Waste, Peking, 1995, Art. 3

MEP: 2013 State of Environment Report, Peking, 2013, S.6

MEP/MLR: National Soil Pollution Survey, 2014, S.5

OLIVIER, JOS G.J.: Trends in Global CO_2 Emissions, 2014, S.4

OTT, KONRAD: Suffizienz: Umweltethik und Lebensstilfragen, 2013, S. 18

OTTO, SIEGMAR: Bedeutung und Verwendung der Begriffe nachhaltige Entwicklung und Nachhaltigkeit, Bremen, 2007, S. 52

ROGALL, HOLGER: Ökologische Ökonomie: Eine Einführung, 2008, S.17 ff.

SILK, RICHARD: China Weighs Environmental Costs, 2013, S.6

SUN, YUEFEI: The Geographic Distribution of Cancer Villages in China, 2009, S.14

TANG, JENNY: China's 12th Five-Year Plan: Three Years Down, Two to Go, Berkeley, 2014, S.7

THE ECONOMIST: All dried up, 2013, S. 11

THE STANDING COMMITTEE OF THE NATIONAL PEOPLE'S CONGRESS: The Circular Economy Promotion Law, Peking, 2008, Art. 1

UNITED NATIONS: World Water Development Report, 2012, S.163

WACKER, GUDRUN/KAISER, MATTHIAS: Nachhaltigkeit auf chinesische Art, Berlin, 2008, S.7

WCED: Der Brundtland-Bericht, Genf, 1987, S.52

WONG, EDWARD: Cost of Environmental Pollution in China Growing

Rapidly Amid Industrialization, 2013, S.13

WORLD BANK: China 2030, 2012, S.3

ZHANG, QINGFENG: Toward an Environmentally Sustainable Future, 2012, S.55

Internetquellen:

http://www.worldenergy.org/data/trilemma-index/
(21.05.2015)

http://www.huffingtonpost.com/2013/01/31/china-pollution-cars-air-problems-cities_n_2589294.html
(21.05.2015)

Abbildungsverzeichnis:

Abb. 1:	S. 4, Graphik: eigene Abbildung, 2013
Abb. 2:	S. 14, Graphik: © The Economist, aus: http://www.economist.com/news/china/21595487-china-stands-out-its-greenness-new-environmental-ranking-browner-greener (21.05.2015)
Abb. 3:	S.15, Graphik: © The Economist, aus: http://www.economist.com/news/briefing/21583245-china-worlds-worst-polluter-largest-investor-green-energy-its-rise-will-have?fsrc=scn/fb/wl/pe/eastisgrey (21.05.2015)
Abb. 4:	S. 23, Graphik: Siebenhüner, Bernd: Homo Sustinens, 2001, S. 78

Abkürzungen

CO_2	Kohlenstoffdioxid
USA	United States of America (Vereinigte Staaten von Amerika)
BIP	Bruttoinlandsprodukt
UN	United Nations (Vereinte Nationen)
BRIC	Brasilien, Russland, Indien, China
MEP	Ministry of Environmental Protection (Ministerium für Umweltschutz)
KP	Kommunistische Partei
VR	Volksrepublik
SO_2	Schwefeldioxid
VPN	Virtual Private Network

Anhang

满江红

怒发冲冠,凭栏处,潇潇雨歇。

抬望眼,仰天长啸,壮怀激烈。

三十功名尘与土,八千里路云和月。

莫等闲白了少年头,空悲切。

靖康耻,犹未雪;

臣子恨,何时灭?

驾长车踏破贺兰山缺!

壮志饥餐胡虏肉,笑谈渴饮匈奴血。

待从头收拾旧山河,朝天阙。

(englische Übersetzung):

Man Jiang Hong

My wrath bristles through my helmet, the rain stops as I stand by the rail;
I look up towards the sky and let loose a passionate roar.
At the age of thirty, my deeds are nothing but dust, my journey has taken me over eight thousand *li*.
So do not sit by idly, for young men will grow old in regret.
The Humiliation of Jingkang still lingers,
When will the pain of the Emperor's subjects ever end?
Let us ride our chariots through the Helan Pass,
There we shall feast on barbarian flesh and drink the blood of the Xiongnu.
Let us begin anew to recover our old empire, before paying tribute to the Emperor.

Erklärung

Hiermit erkläre ich, dass ich die vorliegende Seminararbeit selbständig verfasst und keine anderen als die angegebenen Hilfsmittel benutzt habe. Die Stellen der Hausarbeit, die anderen Quellen im Wortlaut oder dem Sinn nach entnommen wurden, sind durch Angaben der Herkunft kenntlich gemacht. Dies gilt auch für Zeichnungen, Skizzen, bildliche Darstellungen sowie für Quellen aus dem Internet.

Hamburg, den 21.05.2015

Konrad König _____

Herstellung und Verlag:
BoD - Books on Demand, Norderstedt
ISBN 978-3-7412-2249-8